BEI GRIN MACHT SICH IHR WISSEN BEZAHLT

- Wir veröffentlichen Ihre Hausarbeit, Bachelor- und Masterarbeit

- Ihr eigenes eBook und Buch - weltweit in allen wichtigen Shops

- Verdienen Sie an jedem Verkauf

Jetzt bei www.GRIN.com hochladen und kostenlos publizieren

Murat Ertugrul

Erläuterung des API-Ansatzes

GRIN Verlag

Bibliografische Information der Deutschen Nationalbibliothek:

Die Deutsche Bibliothek verzeichnet diese Publikation in der Deutschen National-
bibliografie; detaillierte bibliografische Daten sind im Internet über http://dnb.d-
nb.de/ abrufbar.

Impressum:

Copyright © 2006 GRIN Verlag GmbH
Druck und Bindung: Books on Demand GmbH, Norderstedt Germany
ISBN: 978-3-640-82558-5

Dieses Buch bei GRIN:

http://www.grin.com/de/e-book/136023/erlaeuterung-des-api-ansatzes

GRIN - Your knowledge has value

Der GRIN Verlag publiziert seit 1998 wissenschaftliche Arbeiten von Studenten, Hochschullehrern und anderen Akademikern als eBook und gedrucktes Buch. Die Verlagswebsite www.grin.com ist die ideale Plattform zur Veröffentlichung von Hausarbeiten, Abschlussarbeiten, wissenschaftlichen Aufsätzen, Dissertationen und Fachbüchern.

Besuchen Sie uns im Internet:

http://www.grin.com/

http://www.facebook.com/grincom

http://www.twitter.com/grin_com

Erläuterung des API-Ansatzes

Inhaltsverzeichnis

1. Der API-Ansatz

Die Abkürzung API steht für „Applikation Programming Interface" (zu Deutsch: „Schnittstelle zur Anwendungsprogrammierung"). Diese vordefinierten Schnittstellen werden von Betriebssystemen oder Applikationen zur Verfügung gestellt, damit Anwendungsentwickler diese Schnittstellen zwischen Anwendung und Protokollsoftware in ihren eigenen Programmen verwenden können, ohne dass die Schnittstelle jedes Mal neu programmiert werden muss. Durch API's werden häufig genutzte Funktionen und Ressourcenzugriffe standardisiert vom Hersteller zur Verfügung gestellt. Diese Standardisierung hilft zusätzlich die Systemstabilität zu erhöhen da Änderungen z.b am Betriebssystem oder der Hardware keine Auswirkungen auf die Anwendung haben.

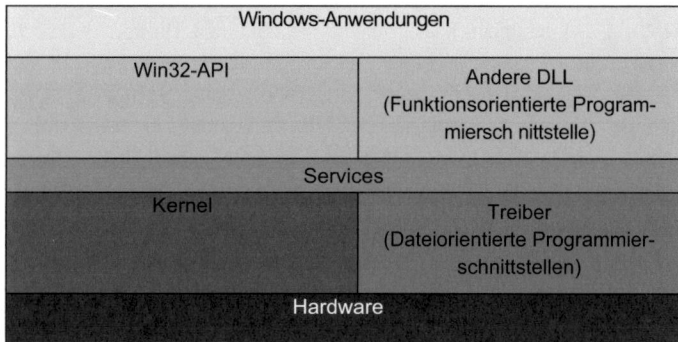

Abbildung 1: Einsatz Programmierschnittstellen

2. Einteilung von Programmierschnittstellen

2.1. Einteilung in Klassen

Die Programmierschnittstellen können in vier Klassen eingeteilt werden[1].

Funktionsorientierte Programmierschnittstelle, z.b. DLL (Dynamic Link Library) erlauben schnelle Transaktionen da sie nur Funktionen mit oder ohne Rückgabewert als Kommunikationsmittel verwenden. Verwendet werden sie darüber, dass eine Funktion aufgerufen wird, welche ein Handle (Filedescription, welche zur Laufzeit erzeugt wird und Daten, innerhalb dessen Gültigkeitsdauer, identifiziert) zurückliefert. Damit lassen sich weitere Funktionen aufrufen, bis die Transaktion abgeschlossen ist.

Dateiorientierte Programmierschnittstellen gehen über den Dateisystemaufruf. Werden Daten an ein Objekt gesendet oder von einem Objekt empfangen geschieht dies über den Aufruf der „write" bzw. „read" Anweisung. Dieses Prinzip ist bei Treibersoftware weit verbreitet.

Objektorientierte Programmierschnittstellen werden meist in Verbindung mit Typbibliotheken veröffentlicht und verwenden Schnittstellenzeiger, was sie sehr flexibel macht.

Unabhängig vom Betriebssystem und Hardware sind protokollorientierte Programmierschnittstellen, dort muss allerdings das Protokoll immer neu implementiert werden, wenn die Programmierschnittstelle nicht durch funktions- oder interfaceorientierte Schnittstellen gekapselt wird. Dabei kann zwischen allgemeinen und anwendungsspezifischen Protokollen unterschieden werden.

---

[1]Vgl. http://de.wikipedia.org/wiki/ApplicationProgrammingInterface, Zugriffsdatum: 24.02.2009

2.2. Einteilung in dedizierte und generische API

Generische (parametrisierbare) API sind standardisiert und arbeiten mit generischen Formaten (wie z.b. XML), wodurch Transaktionen zur Formatsumwandlung eingespart werden können. Das Prinzip dahinter beruht auf Objekten, statt einen festen Datentyp festzulegen, wird dieser erst bei der Verwendung implementiert. Dienste im Betriebssystem Windows (ab NT/2000) verfügen über generische Anwendungsprogrammierschnittstellen[2].

Dedizierte API sind für spezielle Formate ausgelegt, dies macht sie zwar effektiver aber auch abhängiger.

2.3. High-Level- / Low-Level-API

Nach ONC[3] RPC (Remote-Procedure-Calls) können API auch in High- und Low-Level eingeteilt werden.

High-Level-API sind danach die erste Stufe und ermöglichen eine weitgehend automatische Codeerzeugung bei der Client-Server-Kommunikation, sodass der Entwickler einer Anwendung mit wenigen Funktionsaufrufen auskommt.

Low-Level-API dagegen ermöglichen Eigenentwicklungen, wenn spezielle Lösungen gebraucht werden, dazu gehören z.B. asynchrone RPC.[4]

---

[2] Vgl. „Java 6 – der interaktive Programmierkurs" von Ulrike Böttcher

[3] ONC steht für Open Network Computing, eine verteilte Architektur von Sun Microsystems

[4] Vgl. „Konzepte und Modelle verteilter Kommunikation" aus „Masterkurs verteilte betriebliche Informationssysteme" von Peter Mandl

3. Einsatzbereiche 3.1.

Windows-API

Im Betriebssystem Windows werden viele verschiedene API-Schnittstellen zur Verfügung gestellt, dazu gehören Funktionen zum Grafik- und Fensteraufbau, für Bildschirmmeldungen, für Installationen von Druckern und anderen Peripherie-Geräten sowie für deren Ansteuerung, Registry-Fu nktionen, Dateisystem-Zugriffe, Netzwerk-Dienste und -Funktionen (siehe Abbildung 1).

Neben den aktuellen Win32-API, gibt es auch Varianten für andere Betriebssysteme um Windows-Anwendungsprogramme auch ohne Windows-Betriebssystem nutzbar zu machen. Diese sind aber meist eingeschränkt in ihrer Funktionalität.

Die Entwicklung der WinAPI begann mit Version Win16, dort lagen die Funktionen hauptsächlich im Kern des Betriebssystems, Version Win32 wurde dann um einen Schutz kritischer Daten erweitert. Später wurde diese um Grafikschnittstellen erweitert. Der Version Win64 wurden zwar keine weiteren Funktionen hinzugefügt, sie wurde jedoch auf 64Bit angepasst. Die .Net Framework-API ist eine objektorientierte, die native erweiternde und umschließende, API. Erst in Version 3.0 wurde das Framework vom nativen Windows-API gelöst und dient nun der einfachen Verwaltung von Zugriffen auf Windows-Features[5].

---

[5] Vgl.
http://de.wikipedia.org/wiki/WindowsApplicationProgrammingInterface Zugriffsdatum: 24.02.2009

Unter Windows bestehen API meist aus mehreren DLL-Dateien, welche bestimmte Funktionen zur Verfügung stellen. Diese Funktionen werden zur Laufzeit dynamisch mit der Anwendung verknüpft, von der sie aufgerufen wurden. Die häufigsten Windows-API sind in folgender Tabelle (Tabelle 1) aufgeführt [6].

DLL	Inhalt
Kernel32.dll	Betriebssystemfunktionen der niedrigen Ebene (Arbeitsspeicherverwaltung und Ressourcenverarbeitung)
User32.dll	Verwaltungsfunktionen (Meldungsverarbeitung, Zeitgeber, Menüs und Kommunikationsdienste)
GDI32.dll	GDI-Bibliothek (Grafische Schnittstelle, Funktionen für die Gerätreausgabe)

Tabelle 1: Windows-API DLLs

---

[6]Vgl.
http://www.microsoft.com/germany/msdn/library/office/OfficeVBAUndDieWindowsAPI.mspx?mfr=true Zugriffsdatum: 24.02.2009

3.2 Browser-API

Zur Steuerung eines Browsers gibt es spezielle Browser-API, diese sind hierarchisch aufgebaut und in zwei Gruppen geteilt (Abbildung 2). Die Navigator-Objekte können über die Laufzeitumgebung informieren, die Windows-Objekte sind als primäre Instanzen zur Adressierung von Dokumenten anzusehen.

Auf Grund dieser Objektstruktur gibt es Differenzen in der Entwicklung der verschiedenen Browser, diese können aber laut Henning und Vogelsang „durch die Adressiermöglichkeit des Dokument Object Model weitgehend umgangen werden, sodass browserspezifische Anpassungen von JavaScript-Code nicht mehr nötig ist" [7]

Zum Browser-API gehören DOM[8]-HTML zur Adressierung über die Element-Id und über den Dokumentenbaum, die Navigator-Objekte, die Windows-Objekte, die Dokumet-Objekte, die Element-Objekte sowie die Event-Objekte und Event-Handling.

---

[7] Aus „Handbuch Programmiersprachen" herausgegeben von Peter A. Henning, Holger Vogelsang und Stephen Bayer

[8] DOM steht für Document Object Model

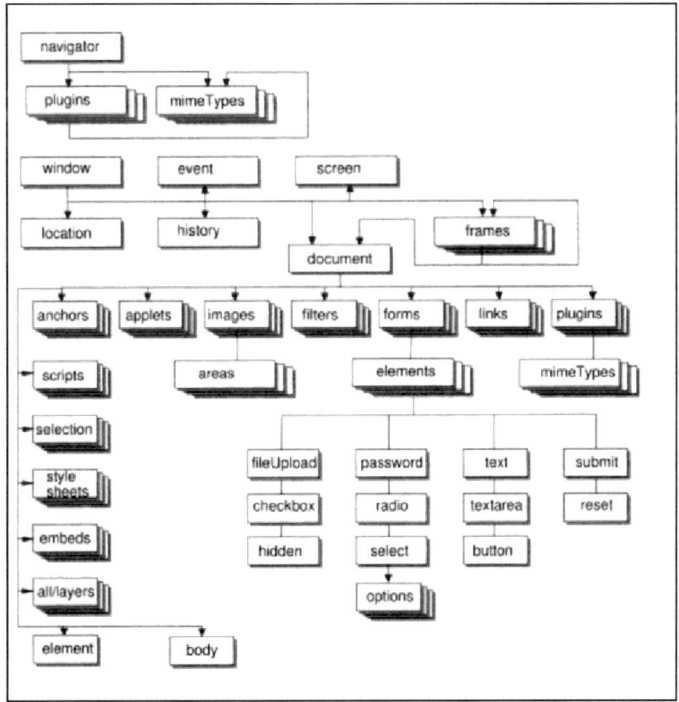

Abbildung 2: Browser-API in JavaScript (aus "Taschenbuch der Programmiersprachen" Abb. 13.2)

3.3. Business-API

Business-API (BAPI) steht für „Business Application Programming Interface", dies ist ein Kopplungsmechanismus für allgemeine Dienste von Anwendungs-software und bietet eine objektorientierte Schnittstelle über die ein Zugriff auf Funktionen der SAP R/3-Komponenten, aber auch auf Nicht-R/3-Komponenten möglich ist. Sie sind eine besondere Art von Funktionsbausteinen, die laut Jeske[9] „versuchen das R/3-System sauber zu modellieren".

Hauptziel der BAPI-Technologie ist eigenständige Teile im System zu gliedern, unabhängig zu machen und Schnittstellen dazwischen zu schaffen, sodass Teile erweitert, erneuert oder ausgetauscht werden können, ohne weiteren Anpas-sungsaufwand zu verursachen. Die Schnittstellen der BAPI sollen allerdings auch von außerhalb zugänglich sein. BAPI's stellen sicher, dass Datenbankinhalte nur auf konsistente Art geändert werden können. Sie gewährleisten sowohl asyn-chrone Kommunikationsvorgänge via iDOC, als auch die weit auf häufiger[10] ver-wendeten synchronen Kommunikationsvorgänge über RFC's[11]. Wobei zu einer BAPI immer ein RFC-fähiger Funktionsbaustein gehören muss.

Die BFA (Business Framework Architecture) teilt R/3 in Business Components ein, welche getrennt installierbar und weiter entwickelbar sind, welche wiederum in eine Menge von Business Objects eingeteilt werden, welche die Schnittstelle der Business Components definiert. BAPI bezeichnet all die Business Objects, die von außerhalb der Business Components aufgerufen werden können. Der Zugriff auf die BAPI kann entweder funktions- oder objektorientiert erfolgen[12].

---

[9] Aus „SAP für Java-Entwickler" Abschnitt „6.1 RFC auf R/3-Seite" Seite 112 von Till Jeske

[10] Laut Udo Enste und Jochen Müller in „Datenkommunikation in der Prozessindustrie"

[11] RFC steht für Remote Funktion Call, und wird benötigt sobald die SAP-Grenzen überschritten werden müssen, da es die Netzwerkprotokoll-Anpassungen durchführt.

[12] Vgl. „Kopplungsarchitekturen zur überbetrieblichen Integration von Anwendungssystemen und ihre Realisierung mit SAP R/3" von Martin Schissler, Stephan Mantel, Otto K. Ferstl, Elmar J. Sinz aus „Wirtschaftsinformatik 44" Ausgabe 5, 2002

Um eine BAPI-Methode aufzurufen, muss der Programmierer lediglich den Namen, sowie Import- und Exportparameter mit Daten angeben. BAPI's arbeiten generell synchron, erst ab Release 4.0 können BAPI's über ALE (Application Link Enabling) auch asynchrone Daten übertragen[13].

Abbildung 3: Elemente der BFA

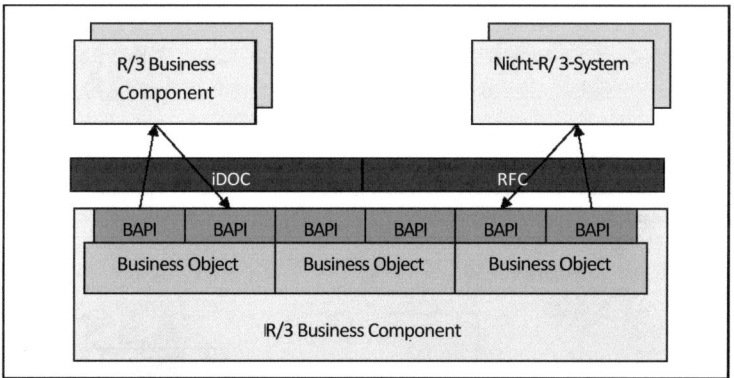

Im Folgenden soll ein Beispiel[14] der Kommunikation zwischen SAP/R3 und einem HTML-Browser zeigen welchen Vorteil die BAPI-orientierte Methode im Gegensatz zur ABAP-orientierte Methode bringt.

ABAP bietet eine file-orientierte Methode, mit der Möglichkeit eine Applikation direkt zu starten. Das HTML-File wird dabei zeilenweise in eine interne R/3-Tabelle eingelesen und die fehlenden Daten werden aus der R/3-Datenbank ergänzt. Anschließend überträgt ein Funktionsbaustein das komplette HTML-File zurück an den Browser. Schwieriger ist der Empfang von Daten aus einem HTML-Dokument, da über HTML keine direkte Datenrückgabe erlaubt ist, dafür würde der Einsatz eines Java-Objektes benötigt.

---

[13]Vgl.
http://www.tse.de/papiere/sap/oldies/BAPI%20Beschreibung.html Zugriffsdatum: 24.02.2009

[14] Beispiel entnommen aus „HTML-basierte Kommunikation mit SAP/R3" von Reinhard Mayer aus „Best-Practice mit SAP" veröffentlicht von Andreas Gadatsch, 2002

Bei der BAPI-orientierten Methode wird eine reine Java-Applikation erstellt die über die BAPI-Schnittstelle mit R/3 kommuniziert. Auch bei dieser Methode wird das HTML-File eingelesen und aus der R/3-Datenbank vervollständigt, mit dem Unterschied, dass die Daten über BAPI ausgelesen werden. Der Empfang der Daten aus Java kann über eine Standartmethode abgewickelt werden, der Eintrag erfolgt dann über ein BAPI in das R/3.

Im Vergleich der beiden Methoden stellt man fest, dass die Nutzung der BAPI-Methode unter Java die Kommunikation vereinfacht (Abbildung 4 und Abbildung 5)

Abbildung 4: ABAP-Methode (in Anlehnung an Abb. 45 aus

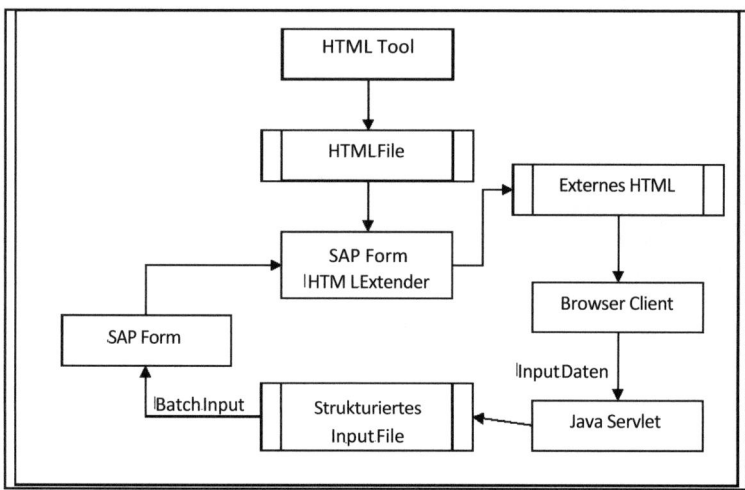

"HTML-basierte Kommunikation mit SAP/R3" von Reinhard Mayer [15)]

[15] Aus „HTML basierte Kommunikation mit SAP/R3" von Reinhard Meayer aus „Best Practice mit SAP" von Andreas Dadatsch

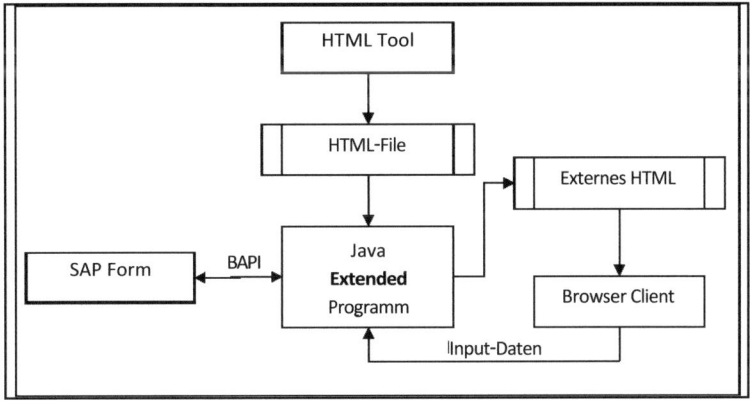

Abbildung 5: BAPI-Methode (in Anlehnung an Abb. 45 aus "HTML-basierte Kommunikation mit SAP/R3" von Reinhard Mayer [16)]

---

[16] Aus „HTML- basierte Kommunikation mit SAP/R3" von Reinhard Mayer aus „BestPrctice mit SAP" von Andreas Gadatsch

Literaturverzeichnis

Böttcher, Ulrike   Java 6 – der interaktive Programmierkurs

„Computerworld"   Lexikon – Aktuelle Fachbegriffe aus Informatik und Telekommunikation; 9.Auflage

Enste, Udo; Müller, Jochen   Datenkommunikation in der Prozessindustrie: Darstellung und anwendungsorientierte Analyse; 2007

Friel ingsdorf, Herbert   Einfache IT-Systeme

Gadatsch, Andreas   Best-Practice mit SAP

Geitner, Uwe W.   Methoden der Informationsverarbeitung

Henning, Peter A.; Vogelsang,   Handbuch Programmiersprachen: Software-
Holger; Bayer, Stephan   entwicklung zum Lernen und Nachschlagen

Mandel, Peter   Masterkurs verteilte betriebliche Informations-
                       systeme

Mandel, Peter; Bakomenko,   Grundkurs Datenkommunikation
Andreas; Weiß, Johannes

Schissler, Martin; Mantel, Ste-   „Kopplungsarchitekturen zur überbetriebli-
phan; Ferstl, Otto K.; Sinz, El-   chen Integration von Anwendungssystemen
mar J.   und ihre Realisierung mit SAP R/3" aus „Wirt-
                                    schaftsinformatik 44" Ausgabe 5, 2002

                                    http://de.wikipedia.org/wiki/ApplicationProgra
                                    mmingl nterface
                                    Zugriffsdatum: 24.02.2009

                                    http://www.cwanswers.de/8921/programmiers
                                    chnittstelle
                                    Zugriffsdatum: 24.02.2009

                                    http://www.tse.de/papiere/sap/oldies/BAPI%2
                                    0Beschreibung . html
                                    Zugriffsdatum: 24.02.2009

                                    http://www.microsoft.com/germany/msdn/libra
                                    ry/office/OfficeVBAUndDieWindowsAPI   .mspx
                                    ?mfr=true
                                    Zugriffsdatum: 24.02.2009